GHOSTS IN THE MACHINE
Spettri nel meccanismo

Also by Peter Cowlam

[*]Winner of the 2018 Quagga Prize for Literary Fiction
[†]Winner of the 2015 Quagga Prize for Literary Fiction

GHOSTS IN THE MACHINE
Spettri nel meccanismo

Peter Cowlam

Traduzione italiana di Angela D'Ambra

_____cHp_____
CentreHouse Press

CentreHouse Press
Copyright © 2024, Peter Cowlam
centrehousepress.co.uk | borsadellaposta@centrehousepress.co.uk

Cover image Shutterstock / justkgoomm

British Library Cataloguing in Publication Data
A catalogue record for this book is available from the British Library

ISBN 978-1-902086-30-9

Ai nostri cari che non ci sono più, ma sempre ci accompagnano sui sentieri della vita.

Marooned

There's a rising
moon

over the isthmus,

but it
and the isthmus

do not
light my way.

Abbandonato

C'è una luna
crescente

sopra l'istmo

sebbene luna
e l'istmo

non mi
rischiarino la via.

Memorabilia

I unearthed
keys

on a corroded
ring,

and revelled
in the power

to conjure rusted
padlocks—

lost bars
on the vanished nights

of someone's
former

life.

Memorabilia

Chiavi ho esumato
su un anello corroso,

e godevano del potere
d'evocare lucchetti rugginosi—

barre perdute
sulle notti svanite

d'una passata vita
umana.

Play

A small boy
on the flagstones

chasing
and never unravelling

the barber stripe
of the ball

he bounces.

Gioco

Un ragazzino
sui masselli di pietra

che insegue
e mai dipana

la striscia di barbiere
della palla

che fa rimbalzare.

Spettri nel meccanismo

Combray

A rose,
a thorn that scratches

at
his windowpane:

a corona
of yellow petals.

Combray

Una rosa,
una spina che graffia

il
suo vetro:

una corona
di petali gialli.

Family Records

There is a photo
of your father

on the ledge,

just as I like
to remember him:

tanned and lined
and out of Africa,

that continent
once his own

reduced
to an ornamented frame.

Ricordi di famiglia

C'è una foto
di tuo padre

sulla mensola,

proprio come mi piace
ricordarlo:

abbronzato e rugoso,
e via dall'Africa,

quel continente
un tempo suo

ridotto
a cornice ornamentale.

Night Visitor

A shadow
darkened her lips,

her chin,

the small chasm
of her mouth

when
I opened

the door
and she spoke.

Visitatore notturno

Un'ombra
le oscurò le labbra,

il mento,

il minuto abisso
della bocca

quando
aprii

la porta
e lei parlò.

Dead Letters

I thought the mail
would never arrive,

and was about
to say so,

and then I heard
drill boots

crunching
on the gravel.

Lettere morte

Pensavo la posta
non sarebbe mai arrivata,

ed ero lì lì
per dirlo,

e poi sentii
scarponi

scricchiolare
sulla ghiaia.

It's a Date	È un rendez-vous
Here I am, a hand fumbling,	Eccomi qui, una mano che armeggia,
turning a loose cuff, rolling up a sleeve,	rivolta un polsino sciolto, arrotola una manica,
as all I want to say is	come se tutto ciò che volessi dire fosse
will you come	verrai
(I have these tickets for a show)?	(ho due biglietti per uno spettacolo…)?
I know how tired you get.	So quanto ti stanca.

Father-in-Law	**Suocero**
His bright eyes flickered open	I suoi occhi radiosi s'aprirono
where he'd slumbered over a newspaper column—	là dove s'era appisolato: su una colonna di giornale—
fallen to the floor,	caduto sul pavimento,
a litter of pink financial pages.	uno strame di pagine finanziarie rosa.

Screen Art

I chuckled
at that TV ad,

its bright
beautiful coffee-drinking

lives

and the mantras
of an insurance firm—

gold-plate policy
trussed dismally

in Goethean
doggerel.

Arte da schermo

Ridacchiai
a quello spot in TV,

con quelle vite
radiose e belle di bevitori di

caffè

e i mantra
d'una compagnia assicurativa—

la politica gold-plating
un intreccio dimesso

di rimeria
goethiana.

Pre-Mandela

Apartheid
recollected—

limbs broken
or blacked,

skulls crunched
under

the sjambok's
blow upon blow.

Ante-Mandela

Reminescenze
d'apartheid—

arti rotti
o affumati,

teschi scrocchiati
sotto

colpi e colpi
di sjambok.

In the Back Garden

A breeze
in the yew

lightens, darkens

furtive streaks
to the downy peach

of your cheekbones.

Nel giardino sul retro

Un refolo
nel tasso

rischiara, scurisce

strie furtive
sulla pesca lanuginosa

dei tuoi zigomi.

On the Garden Path

You turned
emphatically.

I thought
then

you'd remembered

the thing
you wanted

to say.

Sul sentiero del giardino

Ti voltasti
con slancio.

Pensai,
allora,

ti fossi ricordata

ciò che
volevi

dire.

Spettri nel meccanismo

Intervention

You were about
to give

me an answer,

but then a shower
of yellow petals

caught your gaze.

Interferenza

Eri sul punto
di darmi

una risposta,

ma poi uno scroscio
di petali gialli

ti catturò lo sguardo.

Dissembling

The sweep
of my pen,

with each closed
loop—

it's always hiding
something.

Dissimulazione

Il tratto
della mia penna,

a ogni chiusura
di cerchio—

cela sempre
qualcosa.

Scrawl

My handwriting,
once an elegant

schoolboy italic,

looks like
spiders

from an inkpot.

Scarabocchio

La mia grafia,
un tempo elegante

corsivo da scolaro,

sembra come
ragni

da un calamaio.

What the Neighbours Have

A large house
with two over-sized
pineapples

on its gateposts,

on its lawn
a chalky amoretto,

a thing petrified
on a raised slab

in a rock pool.

Cosa hanno i vicini

Una grande casa
con due enormi
ananassi

sui pilastri,

sul prato
un amorino in gesso,

una cosa pietrificata
su lastra soprelevata

in un laghetto di rocce.

And an Afterthought

That amoretto
had a hand

that couldn't
pluck,

three of its digits
having broken

off.

Bacterial green
attacked

its fundament.

E a ripensarci

Quell'amorino
una mano aveva

che coglier non
poteva,

tre dita
erano state

spezzate.

Muffa verde
a minarne

il basamento.

Locality

Where we live
is a street

of late Victorian
terraces,

collectively
a crumbling edifice.

Località

Il luogo dove viviamo
è una strada

di terrazze tardo
vittoriane,

nel complesso
un edificio fatiscente.

Window Gazing

I have traced
the exact flight,

the lethargic
flap

of a crow,

an old black glove
in a steely

sky.

Scrutando dalla finestra

Ho tracciato
il volo esatto,

il frullo d'ali
letargico

d'un corvo,

un vecchio guanto nero
in un cielo

grigio acciaio.

Adjacent

One street on
the terraces

are bleached

a chalky
white.

Adiacente

Una strada oltre
le terrazze

sono sbiancate

un bianco
gessoso.

Start the Week

I tuned
the radio, and heard

the subhuman hum
of news people

gathered round
a table.

Avvia la settimana

Ho sintonizzato
la radio, e ho sentito

il brusio subumano
dei giornalisti

riuniti intorno
un tavolo.

The Station

A fat city
pigeon

plunged
from a whitewashed

recess

and dipped
under the ribs

of the railway
bridge.

La stazione

Un pingue piccione
di città

si tuffa
da una nicchia

calcinata

s'immerge
sotto le nervature

del ponte
ferroviario.

Spettri nel meccanismo

Morning Rush

With the last commuter
train

I was just
at the corner

where a wire fence

had snapped
into ladders,

overrun
with bindweed.

Ora di punta mattutina

Con l'ultimo
treno di pendolari

ero appena
all'angolo

dove una rete
di filo metallico

era schizzata
in scale,

invasa
da convolvolo.

Right Platform	Binario giusto
A man in a grey suit,	Un uomo in un completo
his brown flesh having merged	e pelle scura che s'erano fusi
in a throb of silver,	in un fremito d'argento
I saw striding from a newspaper	vidi camminare a lunghi passi da un chiosco
stand.	di giornali.

Wrong Platform

A bald man
in a black suit

made a jump
for the train,

and didn't succeed.

His forward foot,
then only his document
case,

got wedged
in the doors, and both

he wriggled free.

All this he followed
with a trek

across the footbridge.

Binario sbagliato

Un uomo calvo
in completo nero

fece un balzo
verso il treno,

e lo mancò.

Il piede in avanti,
poi solo la sua ventiquattr'ore
incastrati

fra le porte, ma li svincolò
entrambi.

A tutto ciò lui tenne dietro
con una scarpinata

sulla passerella.

Not Your Regular Commuter

A sad clown
in a beige suit

on the opposite platform
took out and waved

the burgundy checks
of his handkerchief.

He looked west,
where there was still

no train,

then dabbed at the long
pinkish scar

on an otherwise
smooth-looking chin.

Non il consueto pendolare

Un pagliaccio triste
in un completo beige

sul binario opposto
estrasse e fece ondeggiare

gli scacchi bordeaux
del proprio fazzoletto.

Guardò a ovest,
dove non c'era

ancora treno,

poi picchiettò la lunga
cicatrice rosata

su un mento
per altri verso liscio.

Agg and Rose

I slipped
into the waiting room,

a place cool, stinking
and littered.

In a foam of script,
its walls trumpeted

a man called Agg
and what he'd done

to a girl named
Rose.

Agg e Rose

Scivolai
nella sala d'attesa,

un posto freddo, fetido
e imbrattato.

In una spuma di scritte,
le pareti strombettavano

un uomo di nome Agg
e ciò che aveva fatto

a una ragazza di nome
Rose.

New City Gents

They look like
boys

to me,
their bloom the deserts

of finance,

who jointly fist the air
at the latest index prices,

with the FTSE 100
up.

Nuovi signori della città

Sembrano
ragazzi

a me,
la loro fioritura i deserti

della finanza,

che uniti danno pugni in aria
agli ultimi tassi dell'indice,

col FTSE 100
in salita.

Business Call

I dialled
and was put on hold.

I rattled the handset
and put it back

to my ear,
where recorded music

was a twang
of electrified strings,

and as background
a pan of boiling

eggs.

Chiamata d'affari

Feci il numero
e mi misero in attesa,

scossi il ricevitore
e me lo riportai

all'orecchio,
dove la musica registrata

era una vibrazione
di corde elettrizzate,

e come sottofondo
una pentola di uova

che bollivano.

Kitchen Table

I had
the foolish idea

of draping over it
the embroidered marigolds

of our one and only
tablecloth,

with a chair
reserved for my new boss,

a *nouvelle femme*
who has hit the glass ceiling.

Tavolo di cucina

Avevo
l'idea folle

di stenderci sopra, a drappo,
le calendule ricamate

della nostra sola e unica
tovaglia,

con una sedia
riservata al mio nuovo capo,

una *nouvelle femme*
che ha sfondato la barriera del
sessismo.

Kitchen Table Protocol

Yet at no time
I suspect

will my boss

put down
her glittering powder
bag—

not anywhere
here.

Protocollo del tavolo di cucina

Pure, in breve
sospetto

il mio capo

poserà
la borsa di cipria
scintillante—

da qualche parte
qui.

Homesick

I opened
the skylight

as far as it would go,
and strained

for a better view.

A wingtip caught
the sun

in an arc of gold,

the next plane out
from the airport.

Nostalgia di casa

Aprii
il lucernario

fin dove arrivava,
e mi spinsi

per una visuale migliore.

Una punta d'ala catturava
il sole

in un breve arco d'oro,

il prossimo aereo in partenza
dall'aeroporto.

And on the Street

A black cab
below

stuttered through
a gap in the traffic,

and was stuck
in a yellow

box.

E per strada

Un taxi nero
in basso

perse colpi in
una sosta nel traffico,

e rimase bloccato
in un box

giallo.

High Summer

I can't stand the heat,
and the grime.

I'd douche down
but for the lack of pressure

in the water main
into the building.

There's a sun-mottled ancient
downstairs,

who lives alone
on the ground floor,

and spends his evenings
hosing a brown slab
of earth

in the communal
garden,

and that doesn't help.

Piena estate

Non sopporto il caldo,
e il sudiciume.

Mi farei una doccia
ma manca pressione

nella conduttura idrica
dell'edificio.

C'è un anziano
con chiazze di sole

dabbasso,
che vive solo

al piano terra,
e passa le serate

a innaffiare a una lastra
marrone
di terra

nel giardino
comunale,

e questo non
giova.

Evening Stroll

I began
on a dishevelled street

north,

where I caught
the smell

of laundry
flapping in the yards.

Passeggiata serotina

Iniziai
su una via sterrata

a nord,

dove colsi
l'odore

di panni lavati
svolazzanti nei cortili.

Our Neighbourhood

A hard
beamless sunshine

poured
from the heavens.

I looked up
and saw

only in the crumbling
edifices

a line of cornices
in bad repair.

A long broken
scroll

capped the terrace.

Il nostro quartiere

Un sole
duro, senza raggi

si riversò
dai cieli.

Alzai lo sguardo
e vidi

solo negli edifici
fatiscenti

una linea di fregi
in cattivo stato.

Un lungo riccio
rotto

ricopriva il terrazzo.

Life on the Street

A woman
of about our age,

whose stone face fixed
itself immutably
in a scowl,

held out a palm.

I scrutinised the straps,
buckles and pouch,
and the soft clawing hands

of the infant pressed
to her bosom.

I dug in my pockets,
knowing words wouldn't do.

A dry cough saved her
my sympathy.

I just handed her my coins.

Vita per strada

Una donna
più o meno della nostra età,

dal volto di pietra fissato
immutabilmente

in un cipiglio,
protese il palmo.

Ho scrutato le cinghie,
fibbie e borsa,

e le morbide mani artiglianti
del bimbo premute
al suo seno.

Mi frugai le tasche,
sapendo che le parole non
servono.

Una tosse secca le fruttò
la mia pietà.

Le ho appena dato i miei
spiccioli.

Other Side of the Tracks

Its first house.

Fixed to the gable,
a security sign.

On it,
in silhouette,

an Alsatian, head
and shoulders only.

Blunt words of warning,
though to read

you have to stand
at the wrought iron

gates.

L'altro lato dei binari

La sua prima casa.

Fissato al frontone,
un'insegna d'avviso.

Su di essa,
stilizzato

un alsaziano, solo
testa e spalle.

Brusche parole di monito,
però per leggere

devi stare davanti
ai cancelli di ferro

battuto.

Spettri nel meccanismo

Framed	Inquadrato
Without your glasses you say	Senza gli occhiali dici tu
my silhouette to you	la mia sagoma per te
is a blur at the window,	è una sfocatura alla finestra,
and that's exactly it—	ed è esattamente così—
it's how I feel.	è così che mi sento.

Looking Glass World

I can always tell,
in the varying grades

of pessimism,

the extent
of what is wrong
with anyone,

in my case by the shop
fronts and their reflections—

back, arched; collar, crooked;
tie, ditto; shoes scuffed; hair,
a mess.

Mondo dello specchio

Riesco sempre a dire,
nelle varie gradazioni

di pessimismo,

la misura
di ciò che non va
in chiunque,

nel mio caso, dalle vetrine
di negozio e dai riflessi—

schiena, curva; colletto,
storto; cravatta, idem; scarpe,
lise; capelli, un casino.

Early Christmas

We will stay indoors
come mid-November.

The streets are a crawl
of cold shoppers coming off

the pavements,

into the warm up-draughts
and anaesthetic of shop-soiled

air.

Predators are waiting,
with worthless heaps of things

to buy – a glitter on so much
trash

glossed as regenerate life.

Natale anticipato

Ce ne staremo in casa
da metà novembre.

Le strade sono un brulichio
di acquirenti infreddoliti che
lasciano

i marciapiedi,

per entrare nelle correnti calde
e soporifere d'aria condizionata

di negozio.

Predatori in attesa,
con mucchi di merci inutili

da comprare – uno balenio su
così tanto
pattume

spacciato come vita rigenerata.

Pub Décor

Here in the wall
hangings

is the ease
of an earlier world—

a tailed, hatted
gentleman

aloft
on a penny-farthing,

not concerned
at England's falling rain.

Arredamento da pub

Qui sulla parete
arazzi

è l'agio
di un mondo passato—

una gentiluomo
in marsina, con cappello

sulle sue
per un centesimo,

non crucciato
dalle piogge in Inghilterra.

Last Orders

A last dribble
of liquid

spells, in amber
ink,

in gothic script,

a hearty name
in cider.

The bottle does
a pirouette.

Ultimi ordini

Un ultimo goccio
di liquida

magia, in inchiostro
ambrato,

in caratteri gotici,

un nome cordiale
nel sidro.

La bottiglia fa
una piroetta.

Escape

Reserve a fast train,
two spare seats, the next

waiting liner.

There's still a welcome
on our island.

A beach, palms,
a tower (ivory),

heaven's vast timepiece
over our heads,

and look down there,
at the spangled sea....

Here are the steps. Be careful
how you climb!

Fuga

Prenota un treno rapido,
due posti liberi, il prossima

treno in attesa.

C'è ancora accoglienza
sulla nostra isola.

Una spiaggia, palme,
una torre (avorio),

il vasto orologio del cielo
sopra le nostre teste,

e guarda laggiù,
il mare luccicante....

Ecco i gradini. Attenti
nel salire!

Evening Rain

Two points
of silver,

two stars
in a stormy cosmos,

in a blur
over the wet roofs

under a purl
of English rain.

Pioggia serale

Due puntini
d'argento,

due stelle
in un cosmo tempestoso,

in una chiazza
sopra i tetti bagnati

sotto un rovescio
di pioggia inglese.

A Dreamed Sundown

Sunset,
a dull ember,

instantly flares up
in a burst of cinnabar.

An explosive dusk
and a huge, ungainly bird,

whose wings are a steel
mesh

and imbricated
leather,

wheels into the purple
base

of a cloud.

Un tramonto da sogno

Tramonto,
brace smorzata,

divampa all'istante
in una deflagrazione di
cinabro.

Un crepuscolo esplosivo
e un enorme, goffo uccello

le cui ali sono una maglia
d'acciaio

e pelle
embricata,

ruote nella base
porporina

d'una nube.

Message in a Bottle

The evening
is penumbral – starless.

The dark waves
and receding tide

have left their dissolving
spume in small, desolate pools.

I thought I'd found a hint
of what the cosmos was

when I found, but couldn't
decipher,

a last bottled message—

'As ever the times are petty,
and good advice never
much changes. Go.

Throw this away.

Cast it to the winds, to the outer
darkness.

The universe is closed,
opaque, elastic.'

Messaggio in una bottiglia

La sera
è penombrata – senza stelle.

Le onde scure
e la marea che recede

hanno lasciato l'effimera loro
spuma in piccole pozze
desolate.

Pensavo avrei trovato un indizio
di cosa fosse il cosmo

quando trovai,
ma non riuscii a decifrarlo,

un ultimo messaggio in
bottiglia—

'Come sempre i tempi sono
gretti, e un buon consiglio non
cambia mai molto. Va.

Buttalo via. Lancialo ai venti,
verso la tenebra esterna.

L'universo è chiuso,
opaco, elastico.'

Last Adam to His Eve

I tried to invent
a morning sun,

diffuse in a coastal mist,
its first cold radiance

albata bright
in the band of wet silicon,

that sandy outer edge
of our universe.

L'ultimo Adamo alla sua Eva

Provai a inventare
un sole mattutino,

sparso in una foschia costiera,
la sua prima, fredda radiosità

argentana brillante
nella fascia di silicone
rugiadoso,

quel bordo esterno sabbioso
del nostro universo.

Waves

A moon,
a drunken sickle

low over the flimsy streaks
of surf,

bring life, then death,
to a school of mermaids

bobbing on the sea.

Onde

Una luna,
una falce sbronza

bassa sulle effimere strisce
dell'onda,

porta vita, poi morte,
a un banco di sirene

che galleggiano sul mare.

Moonrise

A coin dropped
and whirred gyroscopically,

somewhere above me
in the stairwell.

A door creaked. I looked
out through its chasm,

seeing only a lunar arc,
a pale cheese,

a slim crescent in the inky
oblong

of the doorframe.

Alba lunare

Una moneta cadde
e frullò giroscopicamente,

in qualche luogo sopra di me
nella tromba delle scale.

Una porta cigolò. Mi sporsi
a guardare nel suo abisso,

ma vidi solo un arco lunare,
un pallido cacio,

una sottile mezzaluna nel
riquadro
d'inchiostro

del telaio della porta.

Bank Holiday

Behind park
railings,

through shrubs
and English oaks,

the peak
and the candy stripe

of the helter-skelter.

Giorno festivo

Dietro le grate
del parco,

tra arbusti
e querce inglesi,

il picco
e la striscia di caramelle

dello scivolo a spirale.

Vanishing Point

I stepped
through the months

in a fairground
hall of mirrors,

where the fifteenth
of September

resolved

as a distant summer
bloom

and a flood
of receding sunshine.

Punto di fuga

Passeggiai
attraverso i mesi

nella sala degli specchi
di un lunapark,

dove il quindici
di settembre

si risolveva
in uno sboccio
di un'estate lontana

e un'alluvione
di sole in declino.

Ghost Ride

Bats, squeaks
and sonic chatter,

a chained spook
from a closet,

recorded bassos
in diabolic

laughter.

Corsa di spettri

Pipistrelli, squittii
e ciarle soniche,

uno spettro con catene
da un armadio,

bassi registrati
in risata

diabolica.

Fairground Lessons

At the hall of mirrors
you learn a first decree—

these phalanxes,
these ever more diminutive

reflections of self,

these are the distances
of being,

and the perfection
of being

is less than a tiny
dot.

Lezioni da lunapark

Nella sala degli specchi
una prima legge apprendi—

queste falangi,
questi sempre più ridotti

riflessi del sé,

queste sono le distanze
dell'essere,

e la perfezione
dell'essere

è meno di un minuscolo
punto.

Fragments

I aimed
a heel at my reflection

in the mirror—
a momentous blow.

Yet the shards of an adult
mind

are holographic.

Here in the pieces
a travesty of fluctuating

images
is clinging on in each.

Frammenti

Puntai
un tacco al mio riflesso

nello specchio—
un colpo impegnativo.

Pure, le schegge di una mente
adulta

sono olografici.

Qui nei frantumi
una parodia fluttuante di

immagini
che s'aggrappano l'un l'altra.

Witching Hour

The moment
of homecoming—

the dusk of a July
evening

blurs all architectural
lines.

Above,
the bright amber

of a rising moon
flames

the roofs.

Ora delle streghe

L'attimo
del ritorno a casa—

il crepuscolo d'una sera
di luglio

confonde ogni linea
architettonica.

Sopra,
l'ambra brillante

d'una luna che sorge
infiamma

i tetti.

Cooking in the Kitchen	Chef in cucina
I came in through the door	Entrai dalla porta
where lethally you wielded a Sabatier.	dove, letale, brandivi un Sabatier.
That, when I looked at the chopping board,	Quello, quando guardai il tagliere,
was your chosen implement for slicing	era il tuo utensile favorito per affettare
pears.	pere.

Dinner Date

Two silky rouge
candles

in an outlandish
candelabrum

reproduced themselves
feebly

in the dull polish
of our dining table.

Appuntamento a cena

Due candele setose
rosse

in un bizzarro
candelabro

si riproducevano
flebilmente

sullo smalto opaco
del nostro tavolo da pranzo.

Grandparents

I recall,

in its pendular
regularity,

the capacious
tick

of their drawing
room,

the collection
of clocks.

Nonni

Ricordo,

nella sua ricorsiva
regolarità,

il capace
tic tac

della loro stanza di
soggiorno,

la collezione
d'orologi.

Childhood

A probe, a pale
torch,

can cast its speculative
sweep

over the jags and flints
of an imaginary country,

where
it's possible to see,

in thin luminous
outline,

a streak
of natural light

over the clefts
of a lost horizon.

Infanzia

Una sonda, un pallida
torcia,

può proiettare il suo flusso
speculativo

sugli spuntoni e selci
d'un paese immaginario,

dove
è possibile vedere,

nel profilo tenue
luminoso

una striatura
di luce naturale

sulle crepe
d'un orizzonte perduto.

A Cheval Glass

My reflection
gazed back at me

astonished,

framed
in the scrolls and twists

and vines
from the lost Eden

of childhood.

Specchio verticale orientabile

Il mio riflesso
mi guarda

stupito,
incorniciato

nei cartigli e intrecci
e tralci

dall'Eden perduto
dell'infanzia.

Writer's Block

Far from raising
a phoenix

my fortunes
have gone the other way.

I spend
a lot of time pen raised.

My notebook
is constantly open.

It and my draft
testaments

are a labyrinth
of criss-cross crossings

out.

Blocco dello scrittore

Lungi dal risorgere,
come fenice,

le mie sorti
sono andate alla malora.

Trascorro
molto tempo con la penna a
mezz'aria.

Il mio taccuino
è sempre aperto.

Quello, e la mia bozza
di testamento

sono un labirinto
di intrecci e segni

depennati.

Country Walk

A high moon
left its pearls

in the mossy pools,
and at the lane's
end,

pale and ghostly,
a chalky gable floated

supernaturally.

Passeggiata in campagna

Una luna alta
lasciava le sue perle

nelle pozze muschiose,
e al termine del
viottolo,

pallido e spettrale,
un frontone in gesso fluttuava

ultraterrenamente.

Dressed For It

A first few spots
of rain,

where half a dozen
theatregoers duck for cover.

The hoardings
are a fantasia of Broadway
song and dance,

and a Fifties revival.

There is just one man
with a cummerbund,

who clutching a tabloid
pitches it above

his head.

Abbigliato per l'evento

I primi scrosci
di pioggia,

dove una mezza dozzina
di spettatori del teatro si
riparano

i manifesti
sono una fantasia stile
Broadway
di canto e danza,

e un revival anni Cinquanta.

C'è solo un uomo
con una fascia di smoking,

che afferrando un tabloid
lo lancia oltre

la sua testa.

Storm Coming

A square
of corrugated cardboard

spirals from a shop
front.

Lights flicker. Somewhere
an alarm clangs.

Across the street,
in a broker's office,

a fluorescent light
has failed,

plunging

the glass door
in a pool

of darkness.

Tempesta imminente

Un quadrato
di cartone

spirala da una vetrina
di negozio.

Luci vacillano. Non so dove,
suona un allarme.

Di là dalla strada,
nell'ufficio di un agente,

una luce fluorescente
s'estingue,

precipitando

la porta di vetro
in una pozza

di tenebra.

Deluge

Night, and its vapours,
diffuse

the mottled reds
of each passing car,

whose taillights
show as filamented streaks

in the macadam.

It's suddenly raining
hard.

Diluvio

La notte, e i suoi vapori,
propagano

i rossi screziati
d'ogni auto che passa,

i cui fanali posteriori
si mostrano in striature
fibrose

sull'asfalto.

E tutt'a un tratto piove
forte.

Hail

A rent, a silver thread
in the greyish blue,

has yawned wide
open.

A golden bow
arcs across the roofscape.

Something
has troubled the minor

deities,

who are hurling
boulders.

Grandine

Uno squarcio, un filo d'argento
nel azzurro grigiastro,

si allargò in
sbadiglio.

Un arco d'oro
s'inarca sul terrazzo panoramico.

Qualcosa
ha disturbato

divinità minori

che lanciano
massi.

Echoes and Decay

Storm
ends on a boom.

I check the clocks.

An electric zigzag,
a streak of blue lightning,

has singed our concrete
planet.

A prolonged crack
loosens the flakes

of our ceiling.

A last fall of rain,
and its scent.

Echi e decadenza

La tempesta
finisce con un boato.

Controllo gli orologi.

Uno zigzag elettrico,
una striscia azzurra di saetta,

ha strinato il nostro pianeta
di cemento.

Una crepa estesa scioglie i
fiocchi
del nostro soffitto.

Un ultimo autunno di
pioggia,
col suo aroma.

My New Boss

I imagine
her mornings,

in the dawn
of greater wealth,

a woman strolling
in her paddocks,

trussed in country
tweeds.

Il mio nuovo capo

Immagino
le mattine di lei,

all'alba
di più grande agiatezza,

una donna a passeggio
nei suoi recinti,

rivestiti in tweed
campestre.

Old Money

Only imagine:
a few stone steps in open
air;

eviscerated doorframes;

oak panels
partitioning off the light;

a window afloat....

Ricchezza antica

Solo un'immagine:
pochi gradini in pietra
all'aperto;

telai di porte sventrate;

pannelli in rovere
a dividere la luce;

una finestra sospesa....

I Look Out

The rain,
now a permanent film

on the window,

wipes away
the lines of that ghostly

other me.

Guardo fuori

La pioggia,
ora una patina permanente

sulla finestra,

cancella
le linee di quell'altro me

spettrale.

Life, Work, the Company

A masque,
puppets not willing

to show,

their limbs under
control

of a hand
you cannot see,

and someone concealed
in the void,

scheming for a closure
whose nature

you can't predict.

Vita, lavoro, l'azienda

Una maschera,
fantocci non disposti

a recitare,
i loro arti controllati

da una mano
che tu non vedi,

e qualcuno che si cela
nel vuoto,

ordendo una epilogo
la cui natura

non riesci a prevedere.

Work Overseas

We shall live
under a flat roof,

with palms
and a cross-lineation

in brightly
coloured paving bricks,

to the rear
of the house,

in its courtyard.

Lavorare all'estero

Vivremo
sotto un tetto a terrazza,

con palme
e una lineatura intrecciata

nel pavimento
di mattoni dai colori brillanti,

sul retro
della casa,

nel cortile.

Becalmed

Sunday,
just after noon.

Nothing,
no faint breeze,

touches the grass
or lifts the flag on its pole,

or twists the vane
over the clock tower.

Bonaccia

Domenica,
appena dopo mezzodì.

Niente,
neppure una debole brezza,

sfiora l'erba
o solleva la bandiera sull'asta,

o gira la pala
sulla torre dell'orologio.

Index of Titles

Index of Titles

Index of First Lines

Index of First Lines

Indice dei Titoli

Indice dei Titoli

Indice delle Prime Righe

Indice delle Prime Righe

Milton Keynes UK
Ingram Content Group UK Ltd.
UKHW021118280724
446038UK00006B/79/J

9 781902 086309